D1727477

moneymaker

mach mehr aus deinem geld

philippe sternbauer

Impressum

1. Auflage 2007

Herausgeber   ICF Books, Zürich

Themen und Idee   Philippe Sternbauer, Pastor ICF Zofingen
Mitarbeit   Horst Reiser, Campus für Christus / Verwalterschaft
                       Simon Häseli, Pastor ICF Aarau
Lektorat   Hauke Burgarth
Layout   Manuela Ruesch
Cartoons   Claudia Kündig
Druck   Schönbach-Druck GmbH, Kranichsteiner Straße 34
                       D-64390 Erzhausen

Copyrights   © 2007 Moneymaker
                       ICF Zofingen
                       Untere Grabenstrasse 14
                       CH-4800 Zofingen
                       Alle Rechte vorbehalten, auch für auszugsweise Wiederga-
                       be und Fotokopie
                       ISBN 10: 3-0375-0022-0
                       ISBN 13: 978-3-03750-0022-4

Verdankung   Speziellen Dank gilt Earl Pitts. Seine Vorträge sowie das
                       Buch «Mäuse, Motten und Mercedes» (s. Buchtip, S. 68)
                       waren sehr inspirierend für Moneymaker.

Bibelzitate sind - falls nicht anders angegeben - gemäß der Übersetzung ‚Hoffnung für alle'; Brunnen Verlag

gefördert von: Campus für Christus - D, A, CH
                       Schweizerische Evangelische Allianz Jugend
                       Adonia

Inhalt

Moneymaker (Einleitung) 7
Aufbau des Buches 9

1. Wie wichtig ist das Thema Finanzen in der Bibel? 10
2. Wie versteht die Bibel das Recht auf Eigentum und Besitz? 14
3. Wie regelt die Bibel die Verwaltung von Eigentum und Besitz? 18
4. Wie steht Gott zu Reichtum, Wohlstand und Geld? 20
5. Wie funktioniert die biblische Ökonomie? 24
6. Wer ist „Mammon" - die Macht hinter dem Geld? 26
7. Wie ist mein persönlicher Umgang mit Geld? 28
8. Wie viel Geld brauche ich zum Leben? 32
9. Wie kann ich meinen Finanzkreis schließen? 36
10. Wie kann ich zufrieden sein mit dem was ich habe? 40
11. Wie kann ich Schätze im Himmel sammeln? 42
12. Wie kann ich vom himmlischen Konto Geld abheben? 46
13. Wie funktioniert das Prinzip des Empfangens? 50
14. Wie funktioniert das Prinzip des Gebens? 54
Nachwort..58
Dein persönlicher Traum 60

Anhang: Vorschlag zur Gestaltung deiner Bibletime................62
Information und Beratung 64
Quellenverzeichnis..65
Kurs- & Buchtips...66

Moneymaker

Biblische Prinzipien im Umgang mit Finanzen

Hast du gewusst, dass …
- jeder vierte Jugendliche zwischen 16 und 25 Jahren verschuldet ist?
- 17 % der Jugendlichen ein kaufsüchtiges Verhalten haben?
- 72 % der Erwachsenen nicht zufrieden sind mit ihrem Einkommen?

Hast du gewusst, dass in der Bibel …
- 2000 mal die Rede von Geld und Besitz ist?
- 16 der 38 Gleichnisse von Jesus von Geld und Besitz handeln?
- Geld absolut kein Tabuthema ist?

„Geld regiert die Welt!" heißt es doch so schön. Vielleicht ist dir das auch schon bewusst geworden oder du bist gar dieser Tatsache durch finanzielle Engpässe, Schulden, Existenzängste, Unzufriedenheit zum Opfer gefallen.
Regierst du das Geld oder regiert das Geld dich?

„Moneymaker" wurde erarbeitet
- um die biblischen Prinzipien kennenzulernen.
- um die Problematik rund ums Geld zu erkennen.
- damit Menschen frei werden von Finanzstress, Schulden und Ängsten.
- damit Menschen lernen, ihren Besitz gut zu verwalten, zum eigenen Wohl.
- um einen Beitrag zur Bekämpfung der Armut zu leisten, damit diese Welt etwas gerechter wird.

„Moneymaker" wurde nicht erarbeitet
- um die Kirchenkassen zu füllen.

Das Moneymaker-Booklet eignet sich zum Selbststudium, aber auch für Gruppen, und ist ein fester Bestandteil des Moneymaker-Kurses (S. 66 & 67)

Viel Spaß mit „Moneymaker"!
Be blessed,

Philippe Sternbauer

Aufbau des Buches

Schluesselvers   Hier findest du zentrale Bibelstellen zum jeweiligen Thema im Umgang mit Finanzen. Wie wärs, wenn du den einen oder anderen Vers auswendig lernen würdest?

Teaching   Das Teaching ist ein kurzer Lehrteil, bei welchem Bezug auf den Schlüsselvers genommen wird Du kannst damit ein biblisches Prinzip oder eine wichtige Aussage im Umgang mit Finanzen näher kennenlernen und darüber nachdenken.

Vertiefung   Möchtest du ein Thema vertiefen? Kein Problem! Bei dieser Rubrik kannst du so richtig tief eintauchen! Wenn du willst, kannst du dieses Buch jeden Tag der Woche benutzen: am ersten Tag liest du das Kapitel, am zweiten Tag die Vertiefung dazu.

Kurz und knackig   Hier findest du das Kapitel noch einmal in zwei, drei Kernsätzen zusammengefasst – kurz und knackig. Zudem hast du hier noch Platz für deine eigenen Gedanken.

Actionstep   Hier findest du jeweils einen oder mehrere Vorschläge, wie du das Gelesene in deinem Alltag umsetzen kannst. Natürlich hast du hier auch immer Platz, das aufzuschreiben, was Gott dir sagt.

Additional   Hier findest du zusätzliches Material zum Thema falls du dir noch einen „Nachschlag" gönnen möchtest.

Das Booklet ist so aufgebaut, dass du jede Woche drei bis vier Kapitel lesen kannst. Wenn du zu jenen gehörst, die gerne täglich an einem Thema dranbleiben wollen, kannst du einzelne „Vertiefungen" oder das „Additional" als eigenständige Tagesrationen hinzunehmen.

1. Wie wichtig ist das Thema Finanzen in der Bibel?

Schluesselvers

„Meine Gedanken sind nicht eure Gedanken, und meine Wege sind nicht eure Wege. Denn wie der Himmel die Erde überragt, so sind auch meine Wege viel höher als eure Wege und meine Gedanken als eure Gedanken …" (Jesaja 55,8-9)

Teaching

Meinst du, dass diese Aussage auch für die Finanzen gilt; das heißt, dass Gott zu Geld und Besitz eine andere Einstellung hat als die meisten Menschen? Worin besteht deiner Meinung nach der Hauptunterschied? Es ist erstaunlich, wie oft in der Bibel von materiellen Gütern die Rede ist. Über 2000 Verse der Bibel und 16 der 38 Gleichnisse von Jesus sprechen vom Umgang mit Geld und Besitz! Jesus hat das Thema sogar häufiger aufgegriffen als viele andere. Wir sollten uns einmal fragen, warum er so oft vom Geld gesprochen hat. Die Gesellschaft, in der er lebte, war noch nicht so kompliziert wie unsere. Es gab noch keine Verführung durch Kreditkarten, und auch sein Kontostand musste ihn wahrscheinlich nicht beunruhigen.

HMMM...

Warum hat Jesus so viel über Geld und Besitz gesprochen? In der Bibel findest du vor allem drei Begründungen, die aufzeigen warum:

1. Unser Umgang mit Geld hat Einfluss auf unser Verhältnis zu Gott

Geht ihr also schon mit Geld unehrlich um, wer wird euch dann die Reichtümer des Himmels geben wollen? (Lukas 16,11)

- Jesus stellt in diesem Vers einen Zusammenhang her zwischen der Art, wie wir mit unserem Geld umgehen, und der Qualität unseres geistlichen Lebens.
- Wenn wir unser Geld nach biblischen Prinzipien verwalten, dann wird unsere Beziehung zu Jesus Christus gestärkt. Wenn wir im Umgang mit unserem Besitz dagegen unzuverlässig sind, dann leidet auch das Verhältnis zu Gott.
- Das Gleichnis von den Verwaltern bzw. den anvertrauten Zentnern können wir auch auf unseren Umgang mit Geld anwenden. Dort lobt der Meister den treuen Knecht: „Du warst tüchtig und zuverlässig. In kleinen Dingen bist du treu gewesen, darum werde ich dir größere Aufgaben anvertrauen. Ich lade dich zu meinem Fest ein!" (Matthäus 25,21)

2. Geld spielt in unserem Leben eine grosse Rolle

Die Bibel spricht auch deshalb so viel von Geld, weil Gott weiß, welche Rolle es in unserem Leben spielt. Wie viel Zeit verbringen wir in einer ganz normalen Woche damit, unseren Lebensunterhalt zu verdienen, finanzielle Entscheidungen zu treffen, zu überlegen, wo wir sparen, wo wir investieren, wofür wir unser Geld ausgeben oder wem wir etwas spenden sollen? Es sind ungezählte Stunden, die wir dem Geld und seiner Verwaltung widmen. Zum Glück hat Gott uns in der Bibel ziemlich klare Anweisungen gegeben, die uns bei dieser Aufgabe helfen können.

3. Unser Herz ist gespalten zwischen Gott und unserem Besitz

Die Bibel spricht wohl deshalb so viel von Geld, weil es im Kampf um die Herrschaft über unser Herz und unser Leben Gottes größter Rivale ist. Jesus fordert uns auf, uns zu entscheiden.

„Niemand kann gleichzeitig zwei Herren dienen. Wer dem einen richtig dienen will, wird sich um die Wünsche des andern nicht kümmern können. Genausowenig könnt ihr zur selben Zeit für Gott und das Geld leben." (Matthäus 6,24)

Kurz und knackig

- Gottes Perspektive im Umgang mit Finanzen unterscheidet sich in wichtigen Punkten von jener unserer Gesellschaft (Matthäus 6,24). Die Bibel und Jesus persönlich sprechen dieses Thema überdurchschnittlich oft an.
- Unser Umgang mit Geld hat einen Einfluss auf unser Verhältnis mit Gott (Lukas 16,11 / Matthäus 25,21).

Actionstep

Lies zum Abschluss nochmals die Stelle in Lukas 16,11. Stimmt die Aussage „Unser Umgang mit Geld ist ein Spiegel unserer Persönlichkeit"? Überlege dir einmal:

Erlebst du dich als treue und zuverlässige oder als untreue, unzuverlässige Persönlichkeit? Wo spiegelt sich dies im Umgang mit deinen Finanzen wieder?

_____

- -

- -

2. Wie versteht die Bibel das Recht auf Eigentum und Besitz?

Schluesselvers

Du, Herr, besitzt Größe, Kraft, Ruhm, Glanz und Majestät. Alles, was im Himmel und auf der Erde lebt, ist dein. (1. Chronik 29,11a)
Dem Herrn gehört die ganze Welt und alles, was auf ihr lebt. (Psalm 24,1)

Teaching

Lies Psalm 50,10-12.

Gott ist der Schöpfer aller Dinge und er hat die Eigentumsrechte an seiner Schöp fung nie auf den Menschen übertragen. In Kolosser 1,17 lesen wir: „... nur durch ihn besteht alles." Ja, selbst in diesem Augenblick hält Gott alles durch seine Macht zusammen. Wenn wir glauben, dass auch nur ein einziges unserer Besitztümer unser Eigentum sei, dann spiegelt sich das auch in un serem Verhalten wieder: Wenn alles so läuft, wie wir es uns vorstellen, sind wir glücklich. Laufen die Dinge schlecht, sind wir unzufrieden. Es ist leicht, Gott mit dem Verstand als Eigentümer anzuerkennen. Sich im prak tischen Leben entsprechend zu verhalten, ist jedoch nochmals etwas ganz anderes! In unserer Kultur deutet alles in eine an dere Richtung. Alle - die Medien und sogar das Gesetz - behaupten, dass alles, was wir haben, uns gehört und uns allein. Gott als Schöpfer und daher auch als rechtmäßigen Eigentümer aller Dinge anzuerkennen, bedeutet eine völlig neue Perspektive über die Eigentumsverhältnisse unseres Geldes und unserer Güter einzunehmen. Dies ist eine wichtige Vorausset zung auf dem Weg zu materieller und persönlicher Zufriedenheit.

MEIN NIGEL-NAGEL NEUER PORSCHE SOLL GOTT GEHOEREN? NEIN, MEINE AUTOSCHLUESSEL KRIEGT DER NICHT!!!

Vertiefung

Der Eigentümer einer Sache hat juristisch gesehen das Recht, sein Eigentum so einzusetzen, wie er es für richtig und sinnvoll hält.

Lies Psalm 135,6; Apostelgeschichte 17,26; Hiob 1,20-22.

Im Gegensatz zum eher egoistisch veranlagten Menschen setzt Gott sein Eigentum nicht dafür ein, um sich das Leben zu verschönern. Vielmehr will er uns leidenschaftlich gern mit seinem Reichtum beschenken und versorgen.

Lies Philipper 4,19; Matthäus 6,31-33

Actionstep

Wie weit war dir bis jetzt schon bewusst, dass Gott alle Dinge in der Hand hat? Wie kannst du dir diese Tatsache noch bewusster machen?

_____

Wenn Gott alle Dinge in der Hand hat, was muss sich dann in deinem Denken und Handeln ändern?

_____

Was hat Gott im Blick auf die Dinge, die wir im Alltag nötig haben, versprochen? Welche Konsequenzen willst du daraus für dein eigenes Leben ziehen?

_____

Additional

Wie steht Gott zu ungleicher Besitzverteilung?

Lies Matthäus 25,14-15.

Was erfährst du in diesen Versen über die Art, wie Gott materielle Güter austeilt? Worauf kommt es Gott letztlich an, wenn er uns sein Eigentum anvertraut?

_____

Worauf kommt es uns an, wenn wir Güter verteilen? Gibt es da einen Unterschied zwischen dem, was Gott wichtig ist und dem was uns wichtig erscheint?

_____

Inwiefern kann diese Erkenntnis unsere Einstellung zu den Menschen, die mehr (oder weniger) besitzen als wir, verändern?

... UND ICH HASSE ALLE, DIE MEHR KNETE HABEN ALS ICH!!!

_____

- -

- -

- -

- -

Notes

_____

_____

_____

_____

_____

_____

_____

_____

_____

_____

3. Wie regelt die Bibel die Verwaltung von Eigentum und Besitz?

Schluesselvers

„Von Verwaltern verlangt man vor allem Zuverlässigkeit." (1. Korinther 4,2)

Teaching

Gott als Schöpfer aller Dinge ist auch Eigentümer aller Dinge. Welche Rolle kommt nun uns Menschen zu? Der Begriff, der unsere Aufgabe im Umgang mit Besitz am Besten umschreibt, lautet Verwalter oder Treuhänder. Das griechische Wort dafür heißt „oïkonomos" und kann mit Verwalter, Treuhänder, Hausmeister oder Vermögensverwalter übersetzt werden. In der Bibel kommt dem Verwalter eine wichtige Stellung zu. Er ist nach dem Hausherrn die oberste Instanz und allein verantwortlich für dessen Güter und Geschäfte. Wenn wir in der Bibel schauen, dann sehen wir, dass Gott, unser Herr, uns dieselbe Verantwortung übertragen hat wie einem Verwalter. Jeder Liegenschaftseigentümer hat Erwartungen an seinen Verwalter. Diese regelt er mit einem Pflichtenheft. Ähnlich verhält es sich zwischen Gott und mir. In der Bibel finden wir eine Art Pflichtenheft für die Verwaltung seines uns anvertrauten Eigentums:

1. Gott möchte von uns die treue und zuverlässige Verwaltung der Schöpfung.

   Lies Matthäus 25,14-15, 1. Mose 1,28 und 1. Mose 2,15.

2. Gott möchte von uns Zuverlässigkeit in kleinen Dingen.

   Lies Lukas 16,10.

3. Gott möchte von uns Zuverlässigkeit bei der Verwaltung von Gütern, die andere Menschen uns anvertraut haben.

   Lies Lukas 16,12.

4. Gott möchte von uns Rechenschaft darüber, wie wir mit Besitz/Finanzen umgehen.

   Lies Lukas 16,1-2.

Actionstep

Bist du treu im Umgang mit dem Besitz von anderen Leuten? (Wie sieht es in der Arbeitswelt aus? Lässt du da mal was mitlaufen oder vergisst du etwas zurückzubringen?)

_____

Ist es dir ein Anliegen, wenn man dir etwas ausleiht, es in gutem Zustand zurückzugeben? (Wie gehst du zum Beispiel um mit Mietwagen oder Werkstatt-Autos, Test-Snowboards etc., die dir nicht gehören? Gehst du genauso behutsam damit um, wie wenn es dein Eigentum wäre?)

_____

Bist du im Kleinen treu, oder gibst du dir nur Mühe für die großen Ziele in deinem Leben? Erledigst du Arbeiten, die kaum jemand sieht genauso zuverlässig wie jene, die dir Applaus, Anerkennung oder eine Lohnerhöhung einbringen?

_____

Gott vertraut manchen Menschen nicht mehr an, weil sie nachlässig mit dem Besitz anderer umgehen oder bereits bei kleinen Dingen untreu sind. Nimm dir Zeit zum Beten, und lass dir von Gott zeigen, wie es in diesen Punkten bei dir aussieht.

Was nimmst du dir vor?

_____

Kurz und knackig

- Gott ist Schöpfer und Eigentümer von allem.
- Wir sind Verwalter der Schöpfung.
- Gott möchte von uns Zuverlässigkeit im Umgang mit Gütern anderer.
- Gott möchte von uns Zuverlässigkeit im Kleinen, damit er uns mehr anvertrauen kann.

4. Wie steht die Bibel zu Reichtum Wohlstand und Geld?

„Ein weiser Mensch kann mit seinem Reichtum gut umgehen, ein Dummkopf aber verschleudert ihn sofort." (Sprüche 21,20)

Teaching

Lies Sprüche 21, 5 und 1. Chronik 29,11+12.

Wie steht die Bibel zu Wohlstand, Reichtum und Geld? Um dies zu verstehen, müssen wir die Begriffe zuerst definieren:

1. Was ist Wohlstand?

Wohlstand kommt von Gott - er ist Schöpfer von allem. Die hebräische Sprachwurzel des Wortes kommt primär vom Wort „Besitz". Menschen, die bestimmte Besitz-Güter hatten, galten als so genannte „begüterte" Menschen. Wohlstand verfolgte damals ein ganz konkretes Ziel.

Lies Sprüche 13,22.

- Wohlstand wird von Generation zu Generation weitergegeben.
- Der nächsten Generation soll es besser gehen als der vorhergehenden.

Im Alten Testament galt folgendes als Wohlstand: Land, Häuser, Tiere, Gold und Silber (in Form von Barren und Schmuckstücken), Manpower (Nachkommen oder Sklaven). Wer im Alten Testament zwei bis drei solcher Besitztümer besaß, galt als „begütert", als jemand, der Wohlstand besitzt. Er galt als von Gott beschenkt und gesegnet. Wohlstand ist ein Geschenk Gottes an den Menschen.

2. Was ist Geld?

Geld kommt nicht von Gott. Geld ist zwar aus Materialien gemacht, die Gott geschaffen hat, Geld existierte jedoch in der Schöpfungsordnung nicht. Es ist eine gesellschaftliche Erfindung. Geld wurde vom Menschen als ein Tauschmittel, das den Wert einer Ware oder Dienstleistung bestimmt, erschaffen. Das Wesen des Geldes ist „amoralisch", das heisst: es ist weder schlecht noch gut. Geld ist wertneutral. Der Mensch erlebt dadurch sowohl Gutes als auch Schlechtes.

3. Was ist Reichtum?

Reichtum kommt von Gott – er ist Schöpfer von allem. Reichtum ist Wohlstand, respektive Überfluss, den wir in Geld anlegen. Wenn wir zum Beispiel Wohlstand verkaufen (ein Haus, ein Mofa etc.) und dann in Geld anlegen, haben wir Wohlstand in Reichtum umgewandelt. Wie Wohlstand ist Reichtum dazu da, einem bestimmten Ziel zu dienen:

- Reichtum ist, wenn wir mehr Geld haben als wir brauchen.
- Reichtum ist Geld, das für uns arbeiten muss und sich vermehrt.
- Reichtum ist Geld, das wir investieren.

Beispiele:
- Ich verkaufe mein Motorrad und lege den Erlös in Sparkapital auf einer Bank an, um mir später eine Ausbildung zu ermöglichen (= Umwandlung von Wohlstand in Geld für ein bestimmtes Ziel).
- Ich überweise den Überschuss auf meinem Lohnkonto regelmäßig auf ein Sparkonto, um damit am Jahresende ein Hilfswerk in Afrika zu unterstützen (= Überfluss in Geld anlegen für ein bestimmtes Ziel).

Reichtum bedeutet also nicht, Geld auf die Seite zu legen für schwierigere Zeiten. Dies wäre ein Ausdruck davon, dass Geld letztlich unsere Sicherheit, unsere Versorgungsquelle ist.

Lies Lukas 12,15-21.

Gott möchte die Rolle des Versorgers für uns übernehmen. Das heißt jedoch nicht, dass wir nicht weise sparen sollen – jedoch für ganz konkrete Ziele, wie wir bei obigen Ausführungen gesehen haben. Denn Gott möchte uns und andere mit Reichtum segnen.

Kurz und knackig

1. Wohlstand kommt von Gott und bedeutet mit Gütern gesegnet zu sein. Wohlstand hatte im AT das Ziel, die Nachkommen (Kinder, Enkel) zu segnen, damit es ihnen besser ergeht.
2. Reichtum soll ganz konkreten Zielen dienen: Deine Mitmenschen und du sollen dadurch Segen erfahren.
3. Reichtum bedeutet primär nicht, Geld auf die Seite zu legen für schwierige Zeiten

Actionstep

Mit welchem Wohlstand bist du beschenkt?

_____

Dient dein Wohlstand einem konkreten Ziel? Welchem?

_____

Mit welchem Reichtum bist du beschenkt?

_____

Dient dein Reichtum bestimmten Zielen? Welchen?

_____

_____

ICH BIN HALT
EIN GESEGNETER!

5. Wie funktioniert die biblische Oekonomie?

Schluesselvers

„So gebt dem Kaiser, was des Kaisers ist, und Gott, was Gottes ist!"
(Matthäus 22 22)

Teaching

Lies Matthäus 22,15-22.

Es gibt verschiedene Haltungen, mit Geld umzugehen. In diesem Kapitel unterscheiden wir zwischen zwei Extremen - zwei Polen zwischen denen wir uns täglich bewegen. Wir nennen sie hier die „Biblische Ökonomie" und die in der Gesellschaft übliche „Ego-Ökonomie". Über diese gegensätzliche Haltungen finden wir in der Bibel detaillierte Angaben. Die Art und Weise, wie die meisten Menschen mit ihrem Geld umgehen, steht in krassem Gegensatz zu den Finanzprinzipien der Bibel. Jesus ermahnt uns im oben zitierten Vers, sowohl dem Staat wie auch Gott gegenüber korrekt zu sein.

UND GEBT MONE MAKER WAS DES MONEY MAKERS HA-HA-HA!

	Biblische Ökonomie:	Ego-Ökonomie:
Prinzip:	Empfangen und Geben	Kaufen und verkaufen
Ziel:	Mitmenschen segnen	Nur Gewinnmaximierung

Vertiefung

Was heisst nun „gebt dem Kaiser, was dem Kaiser gehört und gebt Gott, was Gott gehört?" Was sagst du zu folgenden Aussagen:

„Ich habe bei der Steuererklärung mehr Werbungskosten abgezogen, so kann ich mehr Geld in die Kirche geben."

_____

„Dieses Bußgeld bezahle ich nicht, sonst kann ich nicht ins Snowcamp der Kirche."

_____

„Ich gehe nur arbeiten um Geld zu verdienen!"

_____

„Ich sehe meine Arbeit als einen Dienst für Mitmenschen und Gott!"

_____

Kurz und knackig

- Jesus ermahnt uns, uns an die Regeln der biblischen wie auch der gesellschaftlichen Ökonomie zu halten.
- Die Arbeit ist ein Dienst (Geben) an Gott und Mitmenschen.

Additional

Lies Lukas 11,15-32 (die Geschichte von den zwei Söhnen).

Hast du auch schon Wohlstand in Geld umgewandelt? Diente das Geld dir zum Segen oder wie in der Geschichte der beiden Söhne zum Schaden? Warum?

6. Wer ist «Mammon» - die Macht hinter dem Geld?

Schluesselvers

Denn wir kämpfen nicht gegen Menschen, sondern gegen Mächte und Gewalten des Bösen, die über diese gottlose Welt herrschen und im Unsichtbaren ihr unheilvolles Wesen treiben. (Epheser 6,12)

Teaching

Geld selbst ist amoralisch – wertneutral, wie wir festgestellt haben. Wenn wir mit Geld umgehen, müssen wir jedoch wissen, dass hinter dem Geld eine Macht steht. Nicht vergeblich kennen wir das Sprichwort „Geld ist Macht". Geld hat die Kraft zu zerstören und zu segnen. Überleg einmal, wie viele Familien sich plötzlich verfeinden, wenn es um Erbschaften geht. Geld hat aber auch die Möglichkeit, hunderttausenden Menschen in der Not zu begegnen, wenn wir beispielsweise an die Aktionen bei Katastrophen denken. Es gibt viele geistige Mächte und Gewalten in der Welt. Eine Macht, die sich besonders fürs Geld interessiert wird in der Bibel als „Mammon" bezeichnet.

Was/Wer ist nun Mammon? Mammon ist ein biblischer Begriff. Das aramäische Wort „Mammon" bezeichnet ein Wesen, das von den Menschen als „Gott des Geldes" verehrt wurde. Im römisch-griechischen Reich gab es eine Vielzahl von Göttern, jeder war für etwas zuständig. Beim Mammon handelt es sich um die geistliche Macht, die zuständig für das Geld ist. Mammon benutzt Geld als Hilfsmittel beziehungsweise Werkzeug, um wirksam zu werden und seine Macht zu entfalten. Wenn dieser Mammon also die Macht ist, welche hinter dem Geld steht, dann drückt sich die Liebe zum Mammon in unserem Umgang mit Geld aus.

SCHEISS AUF MAMMON!!!

Schau dir die beiden Begriffsdefinitionen „Mammon" (aramäisch) und „Jahwe" (hebräisch) an:

Mammon (aramäisch): „Gott des Geldes" (der Gott, der für Geld zuständig ist)
Mammon sagt: „Wenn du mich liebst, dann diene mir."

Jahwe (hebräisch): Der „Ich bin da, Gott" (der Gott, der immer da ist)
(2. Mose 3,14)
Jahwe sagt: „Liebe deinen Gott von ganzem Herzen, ganzem Verstand und ganzer Kraft und ebenso deinen Nächsten!"

Sind diese beiden Aussagen deiner Meinung nach miteinander vereinbar?

_____

Lies dazu Lukas 16,13.

Welchen Gott würdest du aufgrund der oben genannten Definitionen wählen, wenn du auswählen könntest - „Mammon" oder „Jahwe"? Warum?

_____

Was heißt denn Jahwe („Ich bin der Gott, der immer da ist") konkret in Bezug auf unsere Versorgung?

_____

Kurz und knackig

- Mammon heißt soviel wie "Gott des Geldes".
- Jahwe heißt übersetzt „Der Gott der (immer) da ist".

7. Wie ist mein persoenlicher Umgang mit Geld?

Schluesselvers

Wenn du wirklich das ewige Leben haben willst, dann verkaufe, was du hast, und gib das Geld den Armen. Damit wirst du im Himmel einen Schatz erwerben, der dir nicht mehr verlorengeht. … Eins ist sicher: Ein Reicher hat es sehr schwer, zu Gott zu kommen. Eher lässt sich ein dickes Seil in ein Nadelöhr einfädeln, als dass ein Reicher in das Reich Gottes kommt. (Matthäus 19, 21+23)

Teaching

Wenn Gott unser Herr ist, dann ist Geld unser Diener. Jesus benutzt dazu das Bild eines Sklaven. Sklaven waren weit verbreitet im römischen Reich. Jeder Zuhörer konnte dadurch die Ausführungen von Jesus einfach verstehen. Die Rolle eines Sklaven verstehen wir auch heute noch gut, da die Sklaverei noch nicht lange abgeschafft wurde: Ein Sklave hat keine Rechte. Er ist seinem Herrn rechenschaftspflichtig. Er muss ihm jederzeit Auskunft geben, wo er ist, was er tut und wie er es tut. Genauso soll es mit dem Geld sein, sagt Jesus: Geld ist unser Sklave: Es hat keine Rechte, ausser dem Recht, dass es existiert. Es muss uns jederzeit Rechenschaft darüber geben, was es macht.

Viele Menschen wissen nicht, wo ihr Geld ist, was es tut und wohin es geht! In diesem Moment sind wir nicht Herr des Geldes – es fließt weg und wir wissen nicht wie und wofür. Anders ausgedrückt: Du rennst deinem Geld hinterher und das ist doch ein sehr seltsames Bild, wenn wir versuchen, uns dies vorzustellen: Ich als Herr renne meinem Sklaven nach. Stell dir vor, du gehst mit deinem Hund

ICH WEISS NICHT, WOVON D[U]
REDEN...

spazieren. Die Frage ist: Führst du ihn an der Leine oder führt der Hund dich an der Leine? Da werden plötzlich die Rollen getauscht: Ich als Herr werde zum Sklave meines Geldes. In diesem Moment beginnt der „Gott des Geldes" (Mammon) Einfluss zu nehmen auf mein Leben und ich laufe ihm hinterher, was soviel heißt wie: ich beginne ihm nachzufolgen und ihm in Teilbereichen meines Lebens zu gehorchen und zu dienen.

Actionstep

Mach einen 30 Sekunden-Test, indem du jemandem diese vier Fragen beantwortest:

a) Wie viel Geld habe ich am letzten Wochenende im Ausgang ausgegeben?
b) Wie hoch liegt meine letzte Handyrechnung?
c) Wie viel Geld habe ich im letzten Monat für Kleidung ausgegeben?
d) Wie viel Geld habe ich Ende Monat auf die Seite gelegt?

Weisst du, wohin dein Geld fliesst? Kannst du jederzeit Rechenschaft darüber abgeben, wohin es geht?

_____

Bist du Herr oder Sklave deines Geldes?

_____

NEEEIN!!!

Woran zeigt sich in deinem Leben, wo du Sklave und wo du Herr bist?

_____

Zum Beispiel haben viele Menschen das Gefühl, nie genug zu haben. Diese Frage ist unabhängig von Wohlstand oder Armut: arme Menschen können genauso an Mammon leiden wie Reiche – Reiche können genauso von Mammon befreit leben wie Arme.

Menschen, die von ihren Geldängsten befreit wurden, entwickeln drei charakteristische Lebenseinstellungen:

a) Was ich besitze, habe ich als Geschenk von Gott erhalten.
b) Gott kümmert sich um seinen Besitz, da er Eigentümer von allem ist.
c) Was ich habe, stelle ich auch anderen zur Verfügung, da es letztlich nicht mein ist (ohne Furcht, zu kurz zu kommen)!

Vielleicht weißt du nicht, wo dein Geld hinfließt? Wer nicht Buch führt über seine Finanzen (Sklaven), kann nicht darüber Rechenschaft abgeben. Das ist ein Zeichen fehlender Eigenverantwortung. Warum sollte uns Gott mehr anvertrauen, wenn wir mit dem, was wir haben, nicht umgehen können?

Oder man spart aus falschen Motiven wie Sicherheit etc. Wenn ich Geld (Mammon) anstelle von Gott zu meiner Lebensversicherung mache, dann spare ich um der Sicherheit willen.

Nachfolgend findest du eine Checkliste mit zehn Symptomen die den Einfluss des Mammons zeigen. Welche Punkte treffen auf dich zu? Kreuze an:

❏ Angst und Sorge in Bezug auf das Geld - „Habe ich genug zum Leben?"
❏ Misswirtschaft mit Geld „Ich weiss nicht, wo es geblieben ist."
❏ Ständiger finanzieller Mangel – „Ich habe nie genug Geld!"
❏ Falsche Sparsamkeit – „Das können wir uns nicht leisten!"
❏ Impulsives Kaufverhalten – „Ich will es sofort!"
❏ Geiz ist geil – „Ich kann unmöglich noch den Zehn geben!"
❏ Habgier – „Ich kann nie genug haben!"
❏ Unzufriedenheit – „Andere haben mehr als ich, das ist unfair!"
❏ Bindung an Schulden – „Ich weiß nicht, wie ich zurückzahlen soll!"
❏ Überschätzte Macht des Geldes – „Nur Bares ist Wahres!"

GEWINNE ICH ETWAS, WENN ICH ALLES ANKREUZE?

Welche der zehn Symptome treffen auf dich persönlich zu? Warum?

_____

Welches sind deiner Meinung nach erste Schritte, damit du Herr und nicht Sklave deines Geldes wirst?

_____

Additional

Knacknuss für Freaks
Ein Bibelkommentar kann dir beim der Lösung helfen)

Lies Apostelgeschichte 5,1-11 (der Ackerverkauf von Hananias und Zafira).

Hier wandelt ein Ehepaar Wohlstand (göttlicher Herrschaftsbereich) in Reichtum in Form von Geld (gesellschaftlicher Herrschaftsbereich) um. Dies mit dem Ziel, der ersten Kirche in der Armut zu helfen.

An welchem Punkt beginnt Mammon in dieser Geschichte zu wirken?

_____

Gibt es einen Punkt, in dem das Geld nicht mehr Sklave des Ehepaars ist, sondern das Ehepaar Sklave des Geldes (Mammon)?

_____

Lies zum Abschluss nochmals die Stelle in Matthäus 6,24-29, wo Jesus sagt, dass wir nicht Gott und dem Mammon gleichzeitig dienen können. Der Text geht nämlich noch viel weiter. Er zeigt einmal mehr die Größe Gottes und wie er uns in seiner Liebe versorgen will, mit allem, was wir brauchen.

_____

8. Wieviel Geld brauche ich zum Leben?

Schluesselvers

„Er (Gott) wird euch dafür alles schenken, was ihr braucht, ja mehr als das. So werdet ihr nicht nur selbst genug haben, sondern auch noch den anderen Gutes tun können." (2. Korinther 9,8)

Teaching

Wir dürfen Gott bitten, uns mit allem zu versorgen, was wir zum Leben brauchen. Nun kommt eine ganz entscheidende Frage: Weiß ich, was ich zum Leben brauche? Wenn dies nicht der Fall ist, worum will ich denn Gott in meinen Gebeten konkret bitten? Du musst dir folgende Situation vorstellen:

Du gehst auf die Bank und bittest um einen Kredit. Der Banker stellt dir folgende Fragen: „Wofür brauchen Sie das Geld?" Du: „Es reicht hinten und vorne nicht." Der Banker: „Wie viel brauchen sie denn?" Du: „Ich habe ungefähr CHF 100'000.-- gedacht." Der Banker: „O.K., wie viel brauchen Sie monatlich für Miete, Essen, Versicherungen, Hobbies? Wie viel können Sie sparen und wie viel gedenken Sie monatlich zurückzuzahlen?" Du: „Das weiß ich auch nicht so genau."

Würdest du als Banker dir selbst einen Kredit geben?

Wir müssen uns die zentrale Frage stellen: „Wie viel Geld ist genug zum Leben?!" Wer nicht weiß, wohin sein Geld fließt (auch wenn er viel verdient), der hat einen „offenen Finanzkreis". Offen bedeutet, dass durch irgendwelche Löcher Geld weggeht, die wir nicht kennen. Ein geschlossener Kreis bedeutet, wir wissen, wo unser Geld ist, was es macht und wohin es fließt (es gibt keine Löcher mehr, durch welche uns Geld entrinnt). Wie können wir unseren Finanzkreis schließen? Indem wir ein Budget, also einen Haushaltsplan, erstellen. Wir können nun genau definieren, was wir brauchen, können feststellen, wofür wir zuwenig und wofür wir zuviel ausgeben.

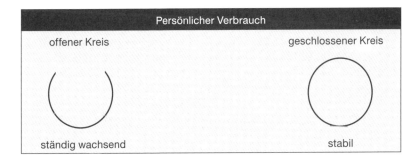

Persönlicher Verbrauch	
offener Kreis	geschlossener Kreis
ständig wachsend	stabil

Nun weiß ich auch sehr konkret, um wie viel ich Gott bitten soll, wenn ich zuwenig Geld habe und was ich weggeben kann, wenn ich zu viel habe. Wer das kann, ist ein treuer und guter Verwalter. Ihn würde ein Banker als kreditwürdig erachten, weil er weiss, wohin sein Geld fließt.

- Es ist unsere Verantwortung vor Gott und den Menschen, über unseren Finanzhaushalt jederzeit Rechenschaft abgeben zu können. Wir müssen die Frage „Wie viel ist genug?" für uns beantworten. Das können wir mittels eines Budgets. Dann wissen wir, was wir brauchen, ob wir wirklich zu wenig oder zu viel haben. Unser Finanzkreislauf wird dadurch geschlossen: Das Geld zerrinnt uns nicht mehr zwischen den Fingern, ohne dass wir wirklich wissen, wo es geblieben ist. Wir können Gott sehr exakt darum bitten, was wir brauchen.
- Es ist Gottes Verantwortung, uns zu versorgen mit allem, was wir brauchen.

Kurz und knackig

Warum sollen wir unseren Finanzkreis schließen?

1. Weil es wichtig ist, für uns die Frage zu beantworten: „Wie viel Geld ist genug zum Leben?" Wenn wir diese Frage nicht beantworten, dann haben wir nie genug. Dazu dient dir ein Budget.
2. Weil wir uns durch ein Budget von der täglichen Sorge oder Gier nach Dingen befreien können.
3. Weil wir Überfluss, Wohlstand und Reichtum exakt benennen und sinnvoll investieren können. Wohlstand und Reichtum sind dazu da, dass wir einerseits anderen gegenüber großzügig sein und andererseits in das Reich Gottes investieren können.
4. Weil wir unsere finanziellen Engpässe und Nöte exakt benennen und vor Gott bringen können.

Actionstep

Schätzt du dich als kreditwürdigen Kunden ein, wenn du ein Kreditgesuch bei einer Bank einreichen würdest? Könntest du dem Banker exakt Auskunft geben, wohin dein Geld fließt? Warum ja, warum nein?

_____

Weißt du, wie viel „Geld genug ist für dein Leben?" Wieviel (monatlich)?

_____

Bleiben deine Gebete allgemein „Herr, ich habe immer zu wenig, gib mir mehr Geld"? (Dann lies nochmals das Beispiel oben mit dem Bankkunden, der beim Banker um Kredit ersucht.) Oder kannst du wie ein treuer Verwalter ganz konkrete Gebete sprechen:

HERR, GIB MIR DOCH ENDLICH EINEN NEUEN JAGUAR

* „Herr, ich kann diesen Monat die Rechnung von CHF 849.75 für den Blechschaden nicht zahlen."
* „Herr, danke für deinen Überfluss. Zeig mir, wie ich die CHF 4'000.-- sinnvoll investieren kann."

Was denkst du aufgrund dieser Beispiele:

a) Welches ist unsere Verantwortung?

_____

----

b) Welches ist Gottes Verantwortung?

_____

----

9. Wie kann ich meinen Finanzkreis schliessen?

Schluesselvers

Ein Dummkopf weiss immer alles besser, ein Kluger nimmt auch Ratschläge an.
(Sprüche 12,15)

Teaching

Du fragst dich nun sicher, was das obige Bibelzitat mit dem Thema Budget zu tun hat. Über Geld offen zu sprechen, scheint jedoch in der Schweiz eines der letzten großen Tabus zu sein - Man spricht nicht offen über die eigene Lohnhöhe, über Erspartes auf der Bank und Schulden (außer auf dem Sozialamt). Man spricht mit Kollegen wohl eher über die Affäre am letzten Wochenende als über den Umgang mit seinem Geld. Wer regelmäßig Gelegenheit hat, Menschen in finanziellen Schwierigkeiten zu beraten, stellt häufig fest, dass viele Probleme vermieden werden könnten, wenn die Menschen grundsätzlich offen wären, andere um Rat zu bitten. Ganz sicher empfiehlt sich dies, bevor eine riskante Entscheidung getroffen werden muss. Manche Menschen haben buchstäblich Millionen verloren und nicht nur sich selbst, sondern auch ihre Familien ins Unglück gestürzt. Es wäre sicherlich lohnenswert gewesen, verlässliche und kompetente Freunde und Bekannte vor einer finanziellen Entscheidung um Rat zu fragen oder Hilfe beim Aufstellen eines Budgets aufzusuchen.

Deinen Finanzkreis kannst du mit einem Budget schließen. Beim Erstellen eines Budgets lohnt es sich, zuverlässige und kompetente Menschen um Rat zu fragen. Man fragt um Rat, um eine andere Meinung zu hören, um Vorschläge und Alternativen zu erhalten, die uns helfen, eine ausgewogene Entscheidung zu treffen. Aufgabe des Ratgebers ist es nicht, selbst zu entscheiden. Die letzte Verantwortung liegt bei uns.

Am einfachsten kannst du ein Budget erstellen, wenn du zuvor über drei Monate deine Ausgaben exakt aufschreibst. Am besten gliederst du deine Finanzen in drei Bereiche:

1. Verpflichtungen (Schulden, Darlehen, Leasing, Miete, der Zehnte etc.)
2. Bedürfnisse (Haushalt, Kleidung, Essen etc.)
3. Wünsche (Sparen, Investitionen, Spenden)

Actionstep

Wie hoch schätzt du deine monatlichen Verpflichtungen?

_____

Wie hoch schätzt du deine monatlichen Bedürfnisse?

_____

Welches sind deine Wünsche (Sparziele)? Hast du konkrete Sparziele, lebst du in den Tag hinein oder sparst du für schlechtere Zeiten?

_____

Wie stellst du dich zum Thema „Zehnter"? Wie hältst du es damit in der Praxis?

_____

Gibt es Projekte und Menschen in deinem Umfeld, die du unterstützt?

_____

Nimm Stellung zu folgendem Satz: „Mammon versucht unsere Wünsche in Notwendigkeiten umzuwandeln". Kennst du dies in deinem Umgang mit Geld?

_____

Hast du Schulden? Hast du einen konkreten Schuldenrückzahlungsplan?

_____

Was hältst du von einem Finanzseminar?
(s. Kurs Moneymaker im Anhang, S. 66 & 67)

_____

Wie stellst du dich zu folgenden Aussagen:

- „Wer Schulden hat, jedoch keine Rückzahlungsvereinbarung mit dem Gläubiger vereinbart hat und dann in die Ferien fährt, bezahlt die Ferien mit fremdem Geld (er ist eigentlich ein Dieb)".
- „Wer Schulden hat und keine Rückzahlungsvereinbarung mit dem Gläubiger getroffen hat, aber den Zehnten bezahlt und Geld für die Kirche gibt, spendet fremdes Geld (er ist ebenfalls ein Dieb). Das Geld gehört nicht ihm (für die Kirche mag diese Person großzügig und ein religiöses Vorbild sein, eigentlich ist diese Geste aber nicht besonders geistlich)."
- „Muss ein Schuldner ein schlechtes Gewissen haben, wenn er in die Ferien fährt, obwohl er CHF 100'000.-- Schulden hat? Er hat mit dem Gläubiger eine Abmachung getroffen, ihm jeden Monat CHF 5.-- zurückzuzahlen. Nein! Warum nicht? Weil der Gläubiger mit dieser Vereinbarung einverstanden ist! Der Schuldner schuldet ihm am Ende des Monats exakte CHF 5.--. Geld, das dann am Ende des Monats noch übrig bleibt, darf er anderweitig investieren (er kann mehr Schulden abzahlen, muss aber nicht oder er darf auch in die Ferien fahren).

Hast du Geld ausgeliehen? Wie stellst du dich zu folgendem Beispiel?

Jemand leiht einem Mann Geld und sagt „Du kannst es zurückzahlen, wenn du Geld hast". Der Geldgeber stellt dann plötzlich fest, dass dieser Typ in die Ferien geht und öfter bei McDonalds und Pizza Hut essen geht. Er hat dadurch den Eindruck, dass dieser nicht recht mit dem geliehenen Geld umgehen kann. Jedes Mal, wenn er dem Mann in der Kirche begegnet, grüßt er ihn zwar freundlich, ärgert sich aber darüber, wenn er wieder ein neues T-Shirt oder Marken-Jeans angezogen hat!

Fazit: Ausleihen ohne klare Vereinbarungen zerstört zwischenmenschliche Beziehungen!

- Vermeide den Spruch (selbst bei Freunden) „Du kannst mir das Geld später zurückzahlen, wenn du kannst". Denn Geld unterliegt dem weltlichen Finanzsystem und deshalb auch den Regeln des weltlichen Systems: Kein Bankangestellter sagt dem Kunden am Schluss: „Du kannst mir das Darlehen zurückzahlen, wenn du kannst". Wir sollen uns an diese weise Regel halten: Kein Ausleihen ohne Vereinbarung.

- Ein Gläubiger, der eine klare Vereinbarung getroffen hat, kann sich auch frei entscheiden, jemandem das Geld oder einen Teilbetrag später als Geschenk zu erstatten, um ihn und andere zu segnen.

- Genauso kann ein Schuldner natürlich die gesamte Restschuld auf einmal abzahlen, wenn Gott ihn mit Geld segnet.

10. Wie kann ich zufrieden sein mit dem was ich habe?

Schluesselvers

Seid nicht hinter dem Geld her, sondern zufrieden mit dem, was ihr habt. Denn Gott hat uns versprochen: „Niemals werde ich euch verlassen. Ich werde für euch sorgen, dass es euch an nichts fehlt!" (Hebräer 13,5)

Dabei ist in der Tat jeder reich, der an Gott glaubt und mit dem zufrieden ist, was er hat. (1. Timotheus 6,6)

Teaching

„Der Zufriedene ist immer der Reichste", heißt ein Sprichwort. Vergessen wir doch nicht, dass letztlich alle Dinge Eigentum von Gott sind. Er hat alles in der Hand; er hat versprochen, uns zu geben, was wir brauchen, und er verteilt die Güter so, wie es ihm klug und richtig scheint. Ein zufriedener Mensch hat die Frage „wie viel ist genug zum Leben?" mithilfe eines Budgets beantwortet. Er weiß, was ihm zum Leben geschenkt ist. Er kann lernen, damit geschickt umzugehen und ein guter „Verwalter" von dem zu werden, was er hat. Selbst wenig kann man gut verwalten: Wenn wir Gottes Prinzipien auf unsere Finanzen anwenden, dann befreien wir uns nach und nach von unseren Schulden, wir geben unser Geld überlegter aus, wir beginnen gezielter zu sparen, können Personen und Werke unterstützen und mehr für das Reich Gottes investieren.

Vertiefung

Gott hat im Hebräischen sehr viele Namen mit unterschiedlichen Bedeutungen.
Jahwe (ich bin der „ich bin da" – Gott) kennen wir bereits. Ein weiterer Name ist:

„El Shaddai" = ich bin der Gott „von mehr als genug"

EL MONEYMAKER
HAT AUCH MEHR
ALS GENUG!

Was heißt dies in Bezug auf unsere Versorgung?

_____   _____

Was bedeutet für dich persönlich finanzielle Freiheit?

* Alles anschaffen können, was ich möchte?
* Befreit davon sein, immer mehr haben zu müssen (aus
  Angst zu kurz zu kommen)?

_____

_____

Lies nochmals Psalm 119, 36: „Gib mir Liebe zu deinem Wort
und lass nicht zu, dass ich habgierig werde." Liebe zum Wort Gottes heißt, Gottes
Prinzipien und Absichten begreifen lernen. Seine Prinzipien helfen dir, finanzielle
Freiheit zu erfahren und bewahren dich von der Last „nie genug zu haben"!

Actionstep

Mach mal eine kurze Pause und frage dich: Wonach suche ich auf dem Weg zur
Zufriedenheit? Suche ich danach, „mehr zu haben"? Oder suche ich nach Befrei
ung von der Last „mehr haben zu wollen"? Lege deine Situation in einem kurzen
Gebet vor Gott hin!

11. Wie kann ich Schaetze im Himmel sammeln?

Schluesselvers

Ihr sollt euch nicht Schätze sammeln auf Erden, wo sie die Motten und der Rost fressen und wo die Diebe einbrechen und stehlen. Sammelt euch aber Schätze im Himmel, wo sie weder Motten noch Rost fressen und wo die Diebe nicht einbrechen und stehlen. Denn wo dein Schatz ist, da ist auch dein Herz.
(Matthäus 6,19-22)

Teaching

Wir können uns diese „Schätze im Himmel" wie ein Konto mit Soll und Haben vorstellen. Wir können auf dieses Konto einzahlen und wir können davon abheben.

Konto: „Schätze im Himmel"	
SOLL (Einzahlungen)	HABEN (Abhebungen)

Wir sollen keine Schätze auf Erden sammeln, weil der Wert dieser Investitionen plötzlich verfallen kann und dann stürzt uns ein Börsencrash oder eine hohe Inflationsrate in Verzweiflung. Reichtum im Himmel geht jedoch nie verloren. Wir konzentrieren uns nicht darauf, unseren Lebensunterhalt zu verdienen, sondern darauf, dass wir anderen etwas geben können. Der Umgang mit Geld ist eigentlich ein Spiegel unseres übrigen Lifestyles. Alles, was wir als Schatz (Dinge, die uns sehr wichtig sind) betrachten, beeinflusst unsere Emotionen. Gemäß hebräischem Verständnis gehören die Emotionen zum Bereich des Herzens. Emotionen beeinflussen unser Handeln. Vielleicht kennst du die Autowerbungen „Auto Emotion" (Seat) oder „Cuore Sportivo" (Alfa Romeo) oder das Parfum Channel No 5 (Nicole Kidman). Da werden unsere Emotionen stark angesprochen, damit wir zu handeln beginnen. Die Aufforderung von Jesus bleibt: Sammelt Schätze im Himmel! Richte deine Emotionen auf Gott und seinen Plan für dein Leben.

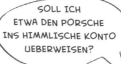

SOLL ICH ETWA DEN PORSCHE INS HIMMLISCHE KONTO UEBERWEISEN?

Betrachten wir ein reales Sparkonto: Banken zahlen einen sehr geringen Zins auf unsere Einlagen. Das heißt, unserem Konto wird am Ende des Jahres ein kleiner Zinsbetrag zugefügt (Addition). Das himmlische Bankkonto funktioniert ganz anders: Gott addiert unsern Betrag nicht mit einem kleinen Zinssatz wie die Kantonalbank, sondern er vervielfältigt (Multiplikation) unser Guthaben auf dem Konto „Schätze im Himmel".

Kurz und knackig

- Irdisches Sparkonto: Addition durch Zinserträge
- „Schätze im Himmel"-Konto: Multiplikation des Betrages

Ist dieses Prinzip wirklich von der Bibel abgeleitet, oder wird es von einigen Kirchen einfach so interpretiert? Es ist mehr als nur abgeleitet, Jesus selbst hat dieses Prinzip mit einer Geschichte seinen Freunden erklärt.

Lies Matthäus 25,14-27.

In welchen Versen dieser Geschichte wird erklärt, wie das „irdische" Bankkonto funktioniert (Addition)?

In welchen Versen wird erklärt, wie das „Schätze Sammeln im Himmel" funktioniert (Multiplikation)?

Actionstep

Wie funktioniert nun das Einzahlen auf das himmlische Bankkonto ganz praktisch? Lies folgende Story. Beantworte anschließend die Fragen dazu:

Herr Müller (45) aus Zofingen ist ein zuverlässiger Verwalter seiner Finanzen. Er hat seinen Finanzkreis geschlossen und sieht, dass am Monatsende CHF 800.-- von seinem Geld übrig sind. Er betet, wie er das Geld investieren soll und kommt zum Schluss: CHF 400.-- möchte er sparen für ein einfaches, neues Sofa und die restlichen CHF 400.-- auf das Konto „Schätze im Himmel" einzahlen (er legt es zu diesem Zweck auf ein irdisches Konto). Er hört von Herrn Meier, einem Arbeitskollegen mit fünf Kindern per Zufall, dass dieser die Mittel nicht hat, sein Auto zu reparieren, obschon er dieses für die Familie dringend braucht. Er betet und entscheidet sich, ihm CHF 400.-- zu schenken. Einige Wochen später wird Herr Müller von einem Bekannten zum Essen eingeladen: „Ein wunderschönes Sofa haben Sie hier, etwas in diese Richtung möchte ich mir auch anschaffen!" „Wirklich?", sagt der Bekannte. „Leider passt es nicht in unsere neue Wohnung und wir wollten es der Brockenstube mitgeben. Es ist praktisch neu und hat einen Wert von CHF 1'200.--. Sie können es gratis übernehmen, wenn Sie es selbst abholen!"

Wie hat sich in dieser Geschichte Geld auf dem himmlischen Bankkonto multipliziert?

_____

Hier eine weitere Story, die etwas anderes verdeutlichen soll:

Sandra möchte sich eine neue Halskette anschaffen. Dazu braucht sie dringend Geld. Sie hat vom biblischen Finanzprinzip der Multiplikation gehört und gibt CHF 100.-- in die Kollekte, im Vertrauen darauf, dass Gott ihr das Zwei- bis Dreifache zurückgibt, damit sie sich ihren Wunsch erfüllen kann.

Vergleiche diese beiden Stories. Wo liegen die Unterschiede im Verständnis des „Schätze im Himmel sammeln" von Herrn Müller und Sandra?

_____

Lies 1. Timotheus 6,17-19 und Jakobus 4,3. Wo liegt der entscheidende Unterschied im Lifestyle von Herrn Müller und Sandra?

_____

Welcher Lifestyle trifft eher auf dich zu? Wo möchtest du konkrete Schritte der Veränderung in Angriff nehmen?

_____

12. Wie kann ich vom himmlischen Konto Geld abheben?

Schluesselvers

„Am Tage unseres Wiedersehens werden alle eure Fragen beantwortet sein. Ich versichere euch: Wenn ihr den Vater in meinem Namen um etwas bittet, wird er es euch geben. Bisher habt ihr in meinem Namen nichts von Gott erbeten. Bittet ihn, und er wird es euch geben. Dann wird eure Freude vollkommen sein."
(Johannes 16,23-24)

Teaching

Wie können wir nun vom himmlischen Bankkonto abheben, wenn wir etwas brauchen? Bei unserer irdischen Bank müssen wir uns an eine bestimmte Vorgehensweise halten. So ist es auch mit unserem Konto im Himmel. Gott reagiert nicht primär auf unsere Bedürfnisse, wie die Bank, welche unserem Wunsch nach einem Einfamilienhaus mit einer Hypothek entgegenkommt. Grundlage für das Abheben auf dem himmlischen Bankkonto bildet das Vertrauen. Vertrauen ist der Schlüssel für Abhebungen. Die Bibel sagt, dass es ohne Vertrauen unmöglich ist, Gott zu gefallen (Hebräer 11,6). Dazu sollen wir ganz spezifisch um unser Geld bitten und nicht nur beten „ich brauche Geld!". Dies wiederum können wir nur tun, wenn wir treue Geldverwalter sind und unseren Finanzkreis geschlossen haben. Nur dann können wir Gott als Eigentümer des himmlischen Bankkontos auch konkret Auskunft geben, was wir brauchen (z.B. „Herr, mir fehlen CHF 265.-- für die Heizkosten diesen Monat").

DIESES KAPITEL GE-FAELLT MIR! ENDLICH MAL WAS BRAUCH-BARES!

Vertiefung

Drei Möglichkeiten von Abhebungen:

1. Gott sendet Manna – er versorgt uns direkt

Gott musste das Volk Israel lehren, das Manna, welches vom Himmel kam, auch zu sammeln. Sie hätten sich Gottes Versorgung sicherlich anders vorgestellt und nicht gemerkt, dass diese auf dem Feld bereit liegt und eingesammelt werden muss. Wir sind herausgefordert, Augen und Ohren offen zu halten für die Art und Weise, wie Gott uns vielleicht auch durch unkonventionelle Art versorgen möchte. Wir müssen lernen, wie man empfängt! Wenn wir etwas ablehnen, lehnen wir unter Umständen eine Möglichkeit der Versorgung Gottes ab.

Lies 2. Mose 16,14-18.

2. Wir ernten etwas, was wir nicht gesät haben

Als die Israeliten den Jordan überquerten, hörte das Manna auf, und sie wurden durch eine Ernte versorgt, für die sie nichts getan hatten. Ihre Aufgabe war es zu ernten, was andere gesät hatten. Solch eine Ernte kann durch Erbschaften, Spenden oder spezifische Gaben und Zuwendungen von anderen als ein Segen zu dir kommen.

3. Gott gibt uns Samen, damit wir mit unsern Händen arbeiten und ernten

Nachdem die Israeliten die Ernte in Kanaan eingefahren hatten, wurden sie dazu aufgefordert, für die nächste Ernte die Saat selber auszusäen. Grundsätzlich ist Gott als Schöpfer unsere Quelle der Versorgung. Allerdings stellt er uns in seinem Auftrag irdische „Arbeitgeber" zur Verfügung, um uns Arbeit zu geben, damit wir versorgt werden. Wenn wir offen sind für Menschen, die uns der Heilige Geist in den Weg stellt, für eigene Ideen und Möglichkeiten, die sich uns bieten, und wenn wir uns selbst weiterbilden, dann wird das Türen für eine Beförderung oder eine Gehaltserhöhung öffnen. Dieser Blickwinkel könnte unsere Einstellung zur Arbeit radikal verändern!

Wer hart arbeitet, hat Erfolg und kommt nach oben; der Faule dagegen muss als Sklave dienen. (Sprüche 12,14)

Kurz und knackig

Drei Prinzipien beeinflussen unseren finanziellen Wohlstand:

1. Glaube und das Vertrauen auf Gottes Versorgung (bitten!) durch:
   - Manna-Prinzip (direkte Versorgung).

2. Eine Ernte, für die wir nicht gesät haben (Versorgung durch andere).

3. Die fleißige Arbeit unserer Hände:
   - Samen, den Gott uns gibt, damit wir damit arbeiten (Möglichkeiten Geld zu verdienen … auch kreativ und ausgefallen).

Wenn wir das eine ohne das andere tun, entgeht uns etwas von dem, womit Gott uns segnen möchte, weil wir eines seiner Prinzipien außer Acht lassen.

Actionstep

Betrachte nochmals die Story von Herrn Müller und Herrn Meier, die wir im vorhergehenden Teilkapitel bereits erzählt haben. Diesmal nehmen wir Herrn Meier mit seinen fünf Kindern ins Visier, der kein Geld hat, sein Auto zu reparieren. Er bespricht die Sache mit seiner Frau und betet. Ein Kollege ruft ihn an und fragt, ob er bei eine Großveranstaltung als Parkanweiser für zwei Abende mitarbeiten würde. Dies bringt ihm CHF 350.-- ein. Die Autoreparatur kostet ihn rund CHF 1'000.--. Weil er seinen Finanzkreis geschlossen hat und ein treuer Finanzverwalter ist, hat er monatlich etwas Geld beiseite gelegt für eventuelle Reparaturen. Insgesamt sind es CHF 250.--. Und den Rest der Geschichte kennen wir: Herr Müller, der seine Finanzen ebenfalls nach biblischen Prinzipien verwaltet, schenkt ihm die restlichen CHF 400.--.

Wo in der Story findest du nachfolgend die drei Versorgungsarten von Gott wieder? Begründe.

1. Gott sendet Herrn Meier Manna.

_____

2. Herr Meier erntet etwas, das er nicht gesät hat.

_____

3. Gott versorgt Herrn Meier mit Samen, um zu arbeiten und zu ernten.

_____

Welche Versorgungsarten hast du schon selbst erlebt?

_____

Welche der drei Versorgungsarten waren dir bis jetzt zu wenig bewusst? Wo kannst du in deinem Leben ganz konkret Dinge angehen, um Gottes Versorgung zu erfahren?

_____

Schluesselvers

Jesus wurde von einem angesehenen und reichen Mann gefragt: «Guter Meister, was muß ich tun, damit ich das ewige Leben bekomme?» «Weshalb nennst du mich gut? Nur Gott ist gut, sonst keiner», stellte Jesus richtig. «Um aber deine Frage zu beantworten: Du kennst doch Gottes Gebote: Du sollst nicht die Ehe brechen, du sollst nicht töten, nicht stehlen, über niemanden etwas Schlechtes reden oder Lügen verbreiten, und du sollst deine Eltern ehren.» Der Mann versicherte: «Alle diese Gebote habe ich von klein auf gehalten.» «Aber etwas fehlt dir noch», sagte Jesus. «Verkaufe alles, was du hast, und gib das Geld den Armen. Du gewinnst damit einen Schatz im Himmel. Dann komm und folge mir nach!» Als der Mann das hörte, ging er niedergeschlagen weg, denn er war sehr reich. Jesus sah ihm nach und sagte: «Wie schwer haben es doch die Reichen, in das Reich Gottes zu kommen!» Luk 18:18-24

Teaching

Bevor wir das Prinzip des Gebens betrachten, sollten wir das Prinzip des Empfangens verstehen. In der obenstehenden Geschichte fordert Jesus den reichen Mann heraus, alles zu geben.

Zum Verständnis einige Fragen:

1. Was denkst du: Will Jesus den Reichen wohl eher beschenken oder „abzocken"? Kreuze an und begründe!

❑ beschenken: _____

❑ abzocken: _____

REINE ABZOCKEREI!!!

2. Was wäre wohl mit dem reichen Mann passiert, wenn er auf das Angebot von Jesu eingegangen wäre?

Jesus schlägt dem Mann drei Handlungen vor:
1. Alles verkaufen
2. Das Geld den Armen geben (Einzahlung ins himmlische Konto s. Kap 11)
3. Jesus nachfolgen

Für den Reichen war die Herausforderung von Jesus zu groß weil er nicht bereit war, sich von seinem Reichtum zu trennen.
Er klammerte sich an seinen Reichtum. Der war sein Schatz, seine Sicherheit, sein Liebstes in seinem Leben. Der Reiche sah sich gar nicht als jemand, der bereits etwas von Gott empfangen hat.
Aber gehen wir mal davon aus, der reiche junge Mann hätte die Herausforderung von Jesus angenommen; er wäre in dreifacher Weise gesegnet worden, indem er

... von der Macht des Geldes frei geworden wäre
Durch den Verkauf seines Besitzes wäre er auf der Stelle frei geworden von den Bindungen daran. Er hätte seine Scheinsicherheit eingetauscht gegen das Vertrauen auf Gott.

... eine Einzahlung auf sein himmlisches Konto gemacht hätte
Stell dir vor, wie wohl er sich gefühlt hätte, wenn er mit seinem Geld den Armen hätte helfen können. Dieser Segen wäre in irgend einer Form zu ihm zurückgekommen.

... Jesus nachgefolgt wäre
In jener Zeit war es das größte Vorrecht, einem jüdischen Rabbi nachzufolgen. Jesus machte bei Weitem nicht jedem ein solches Angebot. Der Reiche aber schlug diese Einladung in den Wind.
Kannst du dir vorstellen, was ihm dadurch entgangen ist? Ein sinnerfülltes Leben, eine Reise, ein Abenteuer mit Jesus...,
Man würde sich noch heute in aller Welt von dem reichen jungen Mann erzählen, der seinen ganzen Besitz verkaufte und ihn den Armen gab. Er wäre in die Geschichte eingegangen als Vorbild eines fröhlichen Gebers. Im meistverkauften

Bestseller aller Zeiten würde er als ein nachahmenswertes Beispiel erwähnt.

Wenn man diese Geschichte aus Gottes Perspektive betrachtet, kommt klar heraus, dass Jesus den Mann auf allen Ebenen beschenken wollte.
Leider verstand der Reiche sein Besitz nicht als etwas Empfangenes und war somit auch nicht bereit zu geben! Wer sich von Gott nicht beschenken lassen kann, ein Empfangender wird, hat es sehr schwer, ein fröhlicher Geber zu werden.

Actionstep

Siehst du dich als Beschenkter von Gott, wenn du an deinen Besitz denkst?

Siehst du diesen Besitz eher als dein Eigentum oder als etwas Empfangenes?

Kannst du gut Geschenke annehmen?

Schreibe auf, was du besitzt, was andere nicht haben:

Kurz und knackig

- Gott ist der größte Geber, er möchte dich reich beschenken.
- Empfangen und Geben gehören eng zusammen.
- Biblische Ökonomie: Empfangen und Geben s. Kap. 5.
- Für einen Reichen (nicht einen Empfangenden) ist es schwer ins Reich Gottes zu kommen (V24).
- Wer sich als ein Empfangender versteht, wird es leicht haben, ein fröhlicher Geber zu werden.
- Ein Empfangender gibt im Prinzip „nur" zurück was er vorher empfangen hat.

Schluesselvers

„Und alle eure Vorfahren: Ihr missachtet meine Weisungen, sie sind euch gleichgültig. Kehrt um zu mir! Dann werde auch ich mich euch wieder zuwenden! Das verspreche ich, der Herr, der allmächtige Gott. Ihr aber fragt: ‚Warum sollen wir umkehren, was haben wir denn getan?‘ Ich antworte euch: Findet ihr es etwa richtig, wenn ein Mensch Gott betrügt? Ihr betrügt mich doch die ganze Zeit! Ihr entgegnet: ‚Womit haben wir dich denn betrogen?‘ Ihr habt mir den zehnten Teil eurer Ernte nicht gegeben, und ihr habt den Priestern ihren Anteil an den Opfergaben verweigert." (Maleachi 3,7+8)

Teaching

Eine taffe Rede vom Propheten Maleachi im letzten Buch des Alten Testaments. In den nachstehenden Versen lesen wir, weshalb Gott so erzürnt war über sein Volk. Ein gewaltiger Segen ist seinem Volk entgangen.

„... Bringt den zehnten Teil eurer Ernte in vollem Umfang zu meinem Tempel, damit in den Vorratsräumen kein Mangel herrscht! Stellt mich doch auf die Probe, und seht, ob ich meine Zusage halte! Denn ich verspreche euch, dass ich dann die Schleusen des Himmels wieder öffne und euch mit allem überreich beschenke. Ich lasse keine Heuschreckenschwärme mehr eure Felder und Weinberge kahlfressen und euch die Ernte verderben. Dann werden alle Völker euch glücklich preisen, weil ihr in einem so herrlichen Land lebt! Darauf gebe ich, der Herr, der allmächtige Gott, mein Wort!" (Maleachi 3,10-12)

Welcher Segen entging dem Volk Gottes?

_____

_____

Wie zum irdischen brauchen wir auch einen Zugang zum himmlischen Bankkonto. Wir brauchen ein Kontokärtchen, welches die Bankomat-Schleuse öffnet und Geld herausgibt. Der Zehnte bildet wie das Bankomat-Kärtchen den Zugangscode, welcher die himmlischen Bankomat-Schleusen öffnet. Was ist nun die Absicht Gottes beim Zehnten – warum möchte er, dass wir ihn geben? Handelt es sich hier um

„Geldabzockerei"? Vielfach wird der Zehnte sowohl in christlichen wie auch in nichtchristlichen Kreisen falsch verstanden. Das irdische Bankkonto wächst additiv wie wir bereits festgestellt haben – das himmlische Bankkonto will Gott multiplizieren. Je weniger wir geben, desto weniger Geld ist auf dem himmlischen Konto vorhanden, das Gott zum Segen aller multiplizieren kann. Gott ist großzügig. Er liebt es, aus wenig viel zu machen, um damit seine Größe und Güte den Menschen zu erweisen (siehe Brotvermehrung in Markus Kapitel 6). Interessant ist der Grund für die Multiplikation der Esswaren: er wollte Tausende von Menschen mit Nahrung versorgen und sie damit segnen.

Schauen wir uns den Zehnten an. Der Zehnte heißt 10 % von dem, was uns von Gott zur Verwaltung anvertraut ist. Bedenke nochmals: Gott ist Schöpfer und Eigentümer von allem – wir sind Verwalter von dem, was uns hier auf Erden anvertraut ist. Gottes Message an uns ist: Behalte 90 % von all dem, was ich dir anvertraut habe, verwalte und mehre es zuverlässig. Stelle mir den kleinen Teil von 10 % zur Verfügung, damit ich aus dem „Kleinen" etwas „Großes" zum Segen der Menschen machen kann. Die Abgabe des Zehnten erinnert den Menschen regelmäßig daran, dass nicht sein Besitz seine Sicherheit und Versorgungsquelle ist, sondern Gott.

Die Kirchen werden viel kritisiert wegen der Zehntenfrage. Der Zehnte ist eine alttestamentliche Orientierung und keine Verpflichtung! Letztlich ist es eine vorbildliche Form sozialer Verantwortung und globaler Gerechtigkeit, für die man sich nicht entschuldigen sollte. Im Gegenteil, es eignet sich auch als Modell für kirchendistanzierte oder nichtreligiöse Menschen sowie Firmen in der Wirtschaft, die durch Spenden vermehrt soziale Verantwortung wahrnehmen möchten. Wer sich nicht der Kirche zugehörig fühlt, hat eine große Auswahl von hervorragenden humanitären Sozialwerken weltweit, um dieses Prinzip umzusetzen. Bedenke: Der Größte Teil der Welt lebt in Armut!

Jede Kirche sollte dieser Ungerechtigkeit der Güterverteilung entgegenwirken. Eine Kirche sollte mit gutem Beispiel vorangehen, wenn es ums Prinzip des Gebens geht. Ein Christ sollte lernen, seinen Gebensstandard mehr zu erhöhen, als seinen Lebensstandard.

Hier nochmals kurze Begriffsdefinitionen:

Zehnter

- Im dem Hebräischen meint das Wort tatsächlich den „Zehnten" – es liegt im Wort selbst begründet, dass der Zehnte nicht 8 % oder 5 % meint, sondern eben 10 %. 10 % ist die Miete für unser irdisches Leben an Gott – er hat uns das Leben hier geschenkt. Aus dem hebräischen Kontext versteht sich der Zehnte als „heilig" (= abgesondert, Gott gehörig).
- Der Zehnte ist eine biblische Orientierung mit dem Geben anzufangen.
- Der Zehnte begann mit Abraham und wurde freiwillig gegeben (1. Mose 14,20).
- Der Zehnte wurde schon im alten Testament dazu verwendet die Armut für Ausländer, Witwen und Waisen zu lindern (5. Mose 16,12-13).

Lies 1. Mose 14,18-23.

Der Zehnte ist Ausdruck von:
- Dankbarkeit, für alles, was Gott mir geschenkt hat in der Vergangenheit.
- Liebe, die ich für ihn empfinde in der Gegenwart.
- Vertrauen, dass er mich versorgen wird in Zukunft.

Sparen

- Sparen bedeutet Geld auf die Seite zu legen, damit das Geld für uns arbeiten muss, um ein bestimmtes Ziel zu erreichen.

Horten

- Die Bibel spricht eine ungesunde Form des Sparens an – das Horten. Horten bedeutet, Geld sammeln und auf die Seite legen als Sicherheit.

Opfer/Spenden

- Als Opfer und Spenden wird alles bezeichnet, das unabhängig oder zusätzlich zum Zehnten für Projekte, gemeinnützige Institutionen oder Privatpersonen investiert wird.

Kurz und knackig

- Gott möchte unseren Zehnten nicht, weil er darauf angewiesen ist. Als Schöpfer des Universums hat er diesen nicht nötig! Das wäre ja ein Witz. Gott möchte unseren Zehnten, damit wir mit dieser Geste immer wieder daran erinnert werden, dass nicht unser Besitz/Geld, sondern er die Quelle unserer Versorgung ist.
- Die Absicht des Zehnten ist es, die Himmelschleusen zu öffnen und Geld zu multiplizieren.
- Der Zehnte ist keine Pflicht oder Gesetz. Er ist eine Orientierung, um das Vertrauen in Gott als die Quelle unserer Versorung zu vergrößern und dadurch uns und andere zu segnen.

Ich habe einen Traum ...

in dem ich ...

... am Ende des Geldes nicht so viel Monat übrig habe.

... mir das Geld nicht mehr zwischen den Fingern zerrinnt.

... weiss, wohin mein Geld geht.

... weiss, wie viel ich monatlich ausgeben darf.

... genügend Geld habe meine Rechnungen zu zahlen.

... aus der Schuldenfalle heraus gekommen bin.

... nicht mehr alles sofort haben muss.

... gelernt habe etwas beiseite zu legen.

... spontan jemandem etwas geben kann, der es dringend braucht.

... den Zehnten als biblisches Prinzip gerne gebe.

... Überfluss geschickt investieren kann.

... genügend finanzielle Mittel habe, um zum Bau des Reiches Gottes beizutragen.

... soziale Projekte unterstützen kann und einen Beitrag zur Bekämpfung der Armut leisten kann ...

Ich habe einen Traum

bei dem …

… die Kirchen weltweit zu einem Vorbild im Geben werden.

… Firmen mit grosszügigen Spenden diesem Vorbild folgen, Spitzenverdiener und Wirtschaftsbosse sich nach Möglichkeiten sehnen, wie sie ihr Privatvermögen zum Wohle anderer einsetzen können.

… Hollywood die Kirche mit einem Award fürs Geben auszeichnet.

… die Medien das Modell des Zehnten der Kirchen als Beitrag zu sozialer Verant wortung würdigen statt kritisieren.

… die Welt durch all diese bescheidenen Beiträge etwas gerechter wird.

… dadurch etwas mehr Himmel auf Erden zu spüren ist und dadurch die Grosszü gigkeit und Liebe eines universellen Gottes in dieser Gesellschaft wieder erfahrbar wird.

Simon Häseli

WARUM EIGENTLICH NICHT? ICH MOECHTE MEINEN BEITRAG LEI- STEN!!!

Dein persöenlicher Traum

Schluesselvers

Soll jeder für sich selbst entscheiden, wie viel er geben will, und zwar freiwillig und nicht, weil die anderen es tun. Denn Gott liebt den, der fröhlich und bereitwillig gibt. Er wird euch dafür alles schenken, was ihr braucht, ja mehr als das. So werdet ihr nicht nur selbst genug haben, sondern auch noch den anderen Gutes tun können. (2. Korinther 9,7-8)

Actionstep

Im Nachwort „Ich habe einen Traum" hast du von einem Traum im Umgang mit Geld gelesen. Schreibe deinen eigenen Traum in Bezug auf deine Finanzen auf. Diskutiere ihn mit andern. Was hindert dich daran, deinen finanziellen Traum zu leben?

_____

_____

_____

_____

_____

_____

_____

_____

_____

_____

_____

Vorschlag zur Gestaltung deiner „Bibletime"

Diese Methode ist die einfachste Möglichkeit, Gottes Wort in dein Leben zu bringen. Sie ist sehr gut für deine tägliche Bibletime geeignet und hat sich bei vielen Leuten bewährt. Probiere sie doch einfach einmal aus! (Und denk daran, dass man etwas Neues immer ein paar Mal machen muss, bis man sich daran gewöhnt hat und es funktioniert.)

Die Methode besteht aus fünf Schritten. Weiter hinten findest du eine Tabelle, mit der du diese Methode üben kannst:

1. Mache Dir kurz bewusst, mit wem du dich triffst!

Sprich ein kurzes Gebet! Bitte Gott, dass er dich auf das Treffen mit ihm vorbereitet und dir hilft zu verstehen, was du heute in der Bibel lesen wirst.
„Öffne mir die Augen, damit ich die Wunder erkenne, die dein Gesetz enthält!"
(Psalm 119,18)
Wichtig ist auch, dass du Gottes Reden erwartest und bereit bist, das, was er dir sagt in deinem Leben umzusetzen!

2. Lies den Bibeltext und denke darüber nach!

Lies den Text …
- langsam: Lass dich nicht stressen!
- immer wieder: Lies den Bibeltext nicht nur einmal, sondern immer und immer und immer wieder.

Meditiere nun über dem Text. Du kannst dir das vorstellen wie bei einer wiederkäuenden Kuh: sie frisst das Gras und kaut dann immer und immer wieder darauf herum. Genauso solltest du mit dem Bibeltext umgehen. Lies ihn immer und immer wieder, denke darüber nach, „kaue darauf herum"! Hier ein paar praktische Tipps dazu:
- Wenn im Bibeltext eine Geschichte steht: Stell dir vor, du seist mitten in der Geschichte, die du gerade gelesen hast und seist eine der Hauptfiguren. Wie hättest du in dieser Situation gedacht, gefühlt, gehandelt? Wie hättest du reagiert, was hättest du gesagt? Mach die Geschichte in deinen Gedanken lebendig!

3. Schreib eine Anwendung (Actionstep) auf!

Deine Bibletime wird dir nichts nützen, wenn du zwar etwas dazulernst und deinen Kopf füllst, aber sich in deinem Leben nichts ändert.

D.L. Moody sagte:
„Wir haben die Bibel nicht bekommen, um unser Wissen zu vergrößern, sondern damit sie unser Leben verändert!"

Deshalb ist es ganz wichtig, dass du dir etwas vornimmst. Wenn du es auch noch aufschreibst, kannst du später immer wieder nachlesen, was du dir vorgenommen hast.

Die Anwendung sollte wie folgt sein:
* persönlich (schreibe in der Ich-Form!)
* praktisch (schreibe einen Actionstep auf. Etwas, das du ganz praktisch tun kannst)
* möglich (schreibe nur Dinge auf, die du mit der Hilfe Gottes auch tun kannst – sonst wirst du schnell entmutigt)
* messbar (so merkst du, ob es in deinem Leben Fortschritte gibt)

Vielleicht entdeckst du auch eine Anwendung, die dir persönlich im Moment nichts bringt – schreib sie trotzdem auf. Denn vielleicht kannst du damit einem Freund helfen und ihm einen Tipp geben oder du kannst die Anwendung später selbst brauchen. Betrachte die Anwendung als einen Schatz, den dir Gott gezeigt hat!

4. Lerne einen Vers auswendig!

Lerne einen Vers auswendig, der die Hauptaussage deiner Anwendung wiedergibt. Häufig arbeitet Gott über mehrere Wochen oder sogar Monate an einem bestimmten Punkt bei dir. Neue Gewohnheiten oder Charakteränderungen kommen nicht sofort mit einem einzelnen Actionstep. Ein auswendig gelernter Vers kann dir helfen, dich immer wieder an die Wahrheit zu erinnern.
Hat dich das Buch angeregt, über deinen Umgang mit Finanzen nachzudenken? Campus für Christus veranstaltet Seminare zum Thema „biblische Prinzipien im Umgang mit Finanzen". Falls du Rat brauchst oder Unterstützung wünschst, um deine finanzielle Situation anzugehen oder einen Moneymaker Kurs beginnen möchtest, nimm Hilfe in Anspruch.

Wir empfehlen folgende Fachstellen:

- Campus für Christus Schweiz (www.verwalterschaft.ch)
- Campus für Christus Deutschland (www.finanzkurs.de)
- Campus für Christus Österreich (www.agapeoesterreich.at)
- Sozialamt deiner Wohnortsgemeinde (Budgettabellen, Schweizer Durchschnittswerte etc.)

Im Übrigen bietet Campus für Christus folgende Seminare an:

Ohne Moos nix los. Ein Kleingruppenkurs für Jugendliche

Du bist unter 20 und hast wenigstens etwas eigenes Geld? Willkommen im Club. Du bist voll im Visier all derer, die „nur dein Bestes" wollen. Aber woher bekommst du Hilfe?
Hier setzt „Ohne Moos nix los" an: In einer Kleingruppe wird Geld zum Gesprächsthema. Zwölf praktische Kapitel helfen dir dabei, einen guten Umgang mit Geld einzuüben. Das beginnt bei Handyschulden und hört bei der Hitliste deiner Wünsche noch lange nicht auf...

Der vergleichbare Kurs für die Altersklasse über 20 ist:

Schritte in die persönliche Freiheit. Der biblische Umgang mit Geld – ein Finanzkurs für Kleingruppen

Beide Seminare erhältst du im Rahmen eines Kurses. Wann und wo in deiner Gegend ein Kurs angeboten wird, erfährst du bei Campus für Christus.

Quellenverzeichnis

- Fachstelle für Schuldenfragen Aargau FSA, Laurenzenvorstadt 90, 5001 Aarau

- www.maxmoney.ch – Jugend und Geld

- www.suchthilfe-avs.ch - Aargauischer Verein für Suchthilfe (AVS)

- Craig Hill/Earl Pitts; Mäuse, Motten & Mercedes, Biblische Prinzipien für den Umgang mit Geld, Campus für Christus Verlag, Giessen, 2. Auflage 2004

- Hein/Rubow/Ahlbrecht; Mit Gott Rechnen, Vom biblischen Umgang mit unseren Finanzen, Gerth Medien GmbH, Asslar, 1. Auflage 2005

- Good Sense, Budgetkurs expanded edition, Willowcreek

- Crown financial ministries USA, Biblische Finanzprinzipien

- Die Bibel: Das Alte und Neue Testament (Übersetzung ‚Hoffnung für alle')

Moneymaker Kursbuch

Nun hast du das Moneymaker-Buch gelesen und fragst dich sicher wie du diese Prinzipien in die Praxis umsetzen kannst. Im Moneymaker Kurs lernst du die fünf wichtigsten Finanz-Prinzipien kennen, und mit Moneymaker's *Budget* praktisch anzuwenden.

1. Buchhaltung
2. Budgetieren
3. Empfangen und Geben
4. Sparen
5. Zufriedenheit

Dieser Kurs eignet sich hervorragend für deine Gemeindearbeit
ISBN 978-3-0375-0023-1

Moneymaker's *Budget*

Moneymaker's Budget ist eine Excel-Anwendung. Sie wurde speziell für Personen ohne Buchhaltungskenntnisse entwickelt, die Unterstützung beim Schliessen des Finanzkreises benötigen. Dank den integrierten Menü-Funktionen ist die Bedienung einfach. Das Programm hilft bei der Planung der Finanzen sowie bei der kategorisierten Erfassung der effektiven Einnahmen und Ausgaben. Zur Kontrolle werden die entstandenen Abweichungen übersichtlich in Werte-Tabellen und Grafiken dargestellt.

Moneymaker Produkte

Moneymaker Package

Das Moneymaker Package beinhaltet:
1. Moneymaker-Buch
2. Moneymaker-Kursbuch
3. Moneymaker's *Budget*

Moneymaker Leiterhandbuch

Möchtest du selbstständig einen Moneymaker-Kurs durchführen?
Im Moneymaker-Leiterhandbuch findest du nützliche Unterlagen wie Vortrags-Skripte, Kurs-Programme, Bilder und Folien.
ISBN 978-3-0375-0024-8

Campus für Christus bietet Moneymaker Kurse an. (Adresse siehe S. 68)

Mäuse, Motten & Mercedes. Biblische Prinzipien für den Umgang mit Geld, Earl Pitts und Craig Hill

Was sagt die Bibel zu Wohlstand, Geld und Reichtum und dem Umgang damit? Mehr als man denkt – und die Autoren stellen auf dieser Basis einen konkreten, machbaren Umgang mit Finanzen vor, der viele althergebrachte Vorstellungen gegen den Strich bürstet.
ISBN 978-3-88404-122-2

Finanzielle Freiheit erleben. Was die Bibel zum Thema Geld sagt, Howard Dayton

„Zur Freiheit hat Euch Christus befreit…" schreibt Paulus den Galatern. „Und das beinhaltet die finanzielle Freiheit!" ergänzt Howard Dayton. Hier wird die Botschaft der Bibel spannend: im Schnittpunkt zwischen Glaube und Geldbeutel. Vorsicht: In diesem Buch geht es um mehr als Geld – es geht um dich persönlich. Und es könnte dein ganzes Leben verändern!
ISBN 978-3-88404-147-5

D	CH	A
Campus für Christus	Campus für Christus	Agape Österreich
Am Unteren Rain 2	Josefstrasse 206	Davisstrasse 11b
35394 Gießen	8005 Zürich	5400 Hallein
Tel: +49 (0)641 975180	Tel: +41 (0)44 2748435	Tel: +43 (0)6245 76012
Email: info@finanzkurs.de	Email: hh@cfc.ch	Email: info@agapeoesterreich.at

Buchtips

Entdecke Gott, Leo Bigger

Du bist auf der Suche nach Gott und willst ihn besser kennen lernen? Hast du viele Fragen über den christlichen Glauben, auf die du gerne eine Antwort hättest? Möchtest du deine Beziehung zu Jesus vertiefen und die Bibel kennen lernen? Dann ist dieses Buch genau für dich!

Der Autor und Pastor von ICF Zürich, Leo Bigger, beleuchtet in diesem Buch die wichtigsten Themen des Christseins:
- Wie kann ich ein erfülltes, glückliches Leben führen?
- Welchen Plan hat Gott mit meinem Leben?
- Wie kann ich mit Gott sprechen?
- Wie soll ich mit meiner Sexualität umgehen?
- Etc.

ISBN 978-3-0375-0021-7

Geheimnis Heiliger Geist, Leo Bigger

Geheimnis Heiliger Geist – schon wieder ein neues Buch über den Heiligen Geist?
Nein! Das ist nicht irgendein weiteres Buch, sondern ein packend geschriebener Erfahrungsbericht von Leo Bigger, Senior Pastor von ICF Zürich. Begeistert schreibt er über seine persönlichen Erlebnisse mit dem Heiligen Geist und die Entdeckung der Geistesgaben in seinem Leben. Das Buch macht Mut, sich auf das Abenteuer mit dem Heiligen Geist einzulassen und dabei neue Seiten von Gott zu entdecken.

ISBN 978-3-0375-0018-7